Super Sami !

hachette
ÉDUCATION

Avec Sami et Julie, lire est un plaisir !

Avant de lire l'histoire

- Parlez ensemble du titre et de l'illustration en couverture, afin de préparer la compréhension globale de l'histoire.
- Vous pouvez dans un premier temps lire l'histoire en entier à votre enfant, pour qu'ensuite il la lise seul.
- Si besoin, proposez les activités de préparation à la lecture pages 4 et 5. Elles permettront de déchiffrer les mots les plus difficiles.

Après avoir lu l'histoire

- Parlez ensemble de l'histoire en posant les questions de la page 30 : « As-tu bien compris l'histoire ? »
- Vous pouvez aussi parler ensemble de ses réactions, de son avis, en vous appuyant sur les questions de la page 31 : « Et toi, qu'en penses-tu ? »

Bonne lecture !

Couverture : Mélissa Chalot
Maquette intérieure : Mélissa Chalot
Mise en page : Typo-Virgule
Illustrations : Thérèse Bonté
Édition : Laurence Lesbre
Relecture ortho-typo : Emmanuelle Mary

ISBN : 978-2-01-270618-7
© Hachette Livre 2015.

Les personnages de l'histoire

1 Montre le dessin quand tu entends le son (o) comme dans m<u>o</u>t<u>o</u>.

2 Montre le dessin quand tu entends le son (i) comme dans Sam<u>i</u>.

3 Lis ces syllabes.

4 Lis ces mots outils.

5 Lis les mots de l'histoire.

Sami

un vélo

le numéro

une bosse

un dossard

top départ

5

Sami porte le dossard

numéro 5.

Il n'est pas rassuré.

Top départ !

11

Sami démarre.

Il pédale fort.

13

« Vas-y Sami ! »

dit papa.

Le vélo de Sami

va super vite !

17

Il dépasse

le numéro 3.

Le numéro 7

est derrière Sami !

Sami a passé la bosse.

Il dérape.

Le numéro 7 a raté

la bosse.

Il est éliminé !

Sami a fini.

Il est arrivé !

Super Sami !

As-tu bien compris l'histoire ?

1 Est-ce que Sami a peur au début de la course ?

2 Qui rassure Sami ?

3 Qui court derrière Sami ?

4 Pourquoi le numéro 7 tombe ?

5 Qui a gagné la course ?

Et toi, qu'en penses-tu ?

Aimes-tu faire du vélo ?

As-tu déjà participé à une course ou un cross ?

Est-ce que tu as déjà gagné une médaille ?

Sais-tu sauter des bosses comme Sami ?

À ton avis, est-ce que c'est important de toujours gagner ?

Lire
pas à pas
• avec Sami et Julie •

Début de CP

Niveau 1

Milieu de CP

Niveau 2

a e i o u y é/è/ê
b d f l m n p r s t v
et/est un/une

c/k/qu ch h ph
z/s=z ce/ci
ou/on an/en oi/oin
in ei/ai eu/œu
les/des/mes/tes/ses ils/elles
g/j ge/gi gn gu
er/ier/ez/et

Fin de CP

Niveau 3

ef/er/ec/ep/el/es
ill/aill/eill/euill/ouill x y w
sp/st/sc ion/ien
au/eau ain/ein ti=si

Achevé d'imprimer en Espagne
par UNIGRAF
Dépôt légal : Août 2017
Collection n° 12 - Édition 07
30/2228/6